SCOTT HAHN

ESPERANÇA EM TEMPOS DIFÍCEIS

2ª edição

Tradução
Beatriz Galindo

QUADRANTE

São Paulo
2024

Título original
30-Minute Read: Hope for Hard Times

Copyright © 2016 by Scott Hahn. Published by Our Sunday Visitor Publishing Divison, Our Sunday Visitor, Inc. All rights reserved.

Capa
Provazi Design

Dados Internacionais de Catalogação na Publicação (CIP)

Hahn, Scott
 Esperança em tempos difíceis / Scott Hahn — 2ª ed. — São Paulo: Quadrante, 2024.

 ISBN: 978-85-7465-626-7

 1. Esperança I. Título

CDD-241.523

Índice para catálogo sistemático:
1. Esperança 241.523

Todos os direitos reservados a
QUADRANTE EDITORA
Rua Bernardo da Veiga, 47 - Tel.: 3873-2270
CEP 01252-020 - São Paulo - SP
www.quadrante.com.br / atendimento@quadrante.com.br

SUMÁRIO

É ASSIM QUE VOCÊ TRATA OS SEUS AMIGOS?	7
O QUE ESTAMOS ESPERANDO?	17
COMO NOSSO PAI AMA	23
TESTANDO NOSSA FÉ	33
RECLAMAR PARA DEUS	49
O PODER APERFEIÇOADO	61
A ROTA DE FUGA	77
O TOQUE DA CRUZ	87
UM ATO DE ESPERANÇA	93

Nada te turbe,
nada te espante.
Tudo passa;
Deus não muda.
A paciência
tudo alcança.
Quem a Deus tem,
nada lhe falta.
Só Deus basta.

POEMA ENCONTRADO NO LIVRO DE ORAÇÕES
DE SANTA TERESA DE ÁVILA

É ASSIM QUE VOCÊ TRATA OS SEUS AMIGOS?

*A única tristeza da vida
é não ser santo.*

Léon Bloy

Tudo o que Santa Teresa de Ávila queria era uma vida simples de pobreza e oração. Mas levar uma vida piedosa parece um insulto deliberado a um mundo apaixonado por mundanismos, e a santa teve mais do que a sua cota de tempos difíceis. Foi denunciada à Inquisição. Foi tratada com desprezo e crueldade por possíveis mecenas ricos que queriam que ela administrasse os conventos do jeito deles. Em vez de uma vida de tranquila contemplação, sofreu com uma vida cheia de confronto e oposição.

Bom, um dia ela cansou e soltou uma torrente de reclamações para o Nosso Senhor.

«Mas, Teresa», Deus respondeu, «é assim que eu trato *todos* os meus amigos».

«Bom», a santa disse, «não admira que Você tenha tão poucos!»

A reclamação de Teresa poderia ter vindo, com a mesma autenticidade, de qualquer um dos amigos de Deus que encontramos na Bíblia. Pense em Abel, nos alvores da História, morrendo aos pés do irmão perverso. Pense em Noé, sofrendo com a monotonia maçante de um mês de chuva, vivendo ao lado de animais enquanto seu mundo era levado pela água. Pense em Abraão, a única pessoa a quem a Bíblia chama de «amigo de Deus» (Tg 2, 23): ele suportou diversas provações, culminando na necessidade de sacrificar seu único filho.

O patriarca José também era um dos favoritos de Deus — mas foi vendido como escravo, falsamente acusado de adultério e preso. Moisés, Davi e Jeremias também conheceram suas calamidades. Depois temos Jó, que perdeu casa, família e saúde — e ele *não tinha feito nada de errado*. Não foi castigo. Só aconteceu.

Finalmente, pense na Virgem Maria. Ela acreditava no que Deus lhe tinha prometido na Anunciação. Contudo, estava consciente de que havia um lado negro da promessa. Simeão, o sacerdote, profetizou que ela experimentaria uma grande tristeza:

> *Eis que este menino está destinado a ser uma causa de queda e de soerguimento para muitos homens em Israel, e a ser um sinal que provocará contradições [...] e uma espada transpassará a tua alma.*

(Lc 2, 34-35)

Trinta e poucos anos depois, ela entendeu o que ele quis dizer. Lá, ao pé da Cruz, viu seu Filho crucificado como o pior dos criminosos — como um traidor, um terrorista.

É desse jeito que Deus trata seus amigos?

Bom, sim, é desse jeito. Há um certo padrão nas vidas daqueles que são fiéis a Deus. Eles passam por provas e sofrimentos. E ainda assim sempre são vistos como as pessoas mais invejáveis da Terra.

São invejáveis porque vivem com a esperança de que terão algo que todos nós desejamos: amor.

Só o amor satisfaz

O amor é a única coisa que nos completa, e por isso todos nós o desejamos. O amor, porém, sempre requer sacrifícios.

O amor verdadeiro sempre requer sacrifícios.

Isso é verdade mesmo no que se refere aos amores humanos. Nós desistimos da «liberdade» de vivermos sozinhos pela liberdade maior de casar com quem amamos. Abrimos mão de boa parte das nossas economias para poder comprar um anel de noivado. Ficamos felizes em renunciar a prazeres que exigiriam que ficássemos longe de quem amamos.

Os romances são cheios de relatos de vigílias, jornadas e presentes extraordinários.

Por quê? Porque o amor é algo pelo qual vale sofrer — mesmo o amor terreno, apesar de todo amor terreno ser finito.

O *Catecismo da Igreja Católica* nos ensina: «O amor causa um desejo pelo bem ausente e uma esperança de consegui-lo» (n. 1765). São Tomás de Aquino esclarece que o bem ausente, no caso do amor, é um bem árduo, difícil.

> Sofrer é um grande favor. Lembre-se de que logo tudo chega a um fim... e tome coragem. Pense em como nosso ganho é eterno.
>
> Santa Teresa de Ávila

Todos os dias as pessoas suportam dificuldades por causa do amor.

Quanto, então, podemos sofrer pelo amor verdadeiro, pelo amor eterno, o amor que satisfaz — o amor divino?

Se você e eu esperássemos algo tão grandioso quanto o amor prometido a Abraão, à Virgem Santíssima e a Teresa de Ávila, o que poderíamos suportar? Dor? Sofrimento? Abandono? Mal-entendidos? Sermos vítimas pelo mal?

A esperança pode nos fazer passar por todas essas coisas, assim como fez com todos os amigos de Deus.

Eles conseguem suportar e perseverar porque o amor é maior do que qualquer tormenta que tenham de enfrentar.

Os tempos podem ser difíceis, sim, mas a esperança é mais durável. É uma das três coisas que permanecem (cf. 1 Cor 13, 13).

* * *

Lembre-se:

Os santos e a Escritura nos ensinam que as dificuldades não precisam nos fazer infelizes.

O QUE ESTAMOS ESPERANDO?

Àqueles que procuram o Reino de Deus e a sua justiça, Ele promete dar tudo por acréscimo. Com efeito, tudo pertence a Deus: nada faltará àquele que possui a Deus se ele próprio não faltar a Deus.

São Cipriano de Cartago

Mas como podemos ter esperança quando estamos infelizes? Não infelizes como se estivéssemos com febre e nosso corpo doesse, mas *infelizes* como se tivéssemos nossas casas destruídas e fôssemos levados para o exílio na Babilônia?

Na raiz de toda infelicidade existem desejos não realizados.

Queremos prosperidade econômica — ou simplesmente estabilidade. Queremos alívio da dor corporal. Queremos que os membros da nossa família se deem bem para variar. Queremos que nossos colegas e vizinhos nos tratem com respeito. Queremos educar nossos filhos para que sejam adultos decentes e felizes.

São coisas importantes, sem dúvida. Mas será que são objetos razoáveis da nossa esperança?

A Escritura certamente nos leva a acreditar que sim. Na Bíblia, encontramos homens e mulheres pedindo todo tipo de bens terrenos, e vemos Deus atender suas preces aparentemente nos termos deles.

Por que, então, *nós* devemos suportar tempos difíceis, apesar de todas as preces que fazemos pedindo um pouco de alívio?

A resposta, possivelmente, está no objeto da nossa esperança. Afinal, esperamos a felicidade terrena — ou esperamos em Deus?

A verdadeira esperança procura somente o Reino de Deus e tem certeza de que tudo o que é terreno para esta vida ser-lhe-á sem dúvida dado. O coração não consegue ter paz enquanto não adquirir essa esperança.

São Serafim de Sarov

Poucos anos atrás, vários americanos começaram a rezar a oração bíblica de Jabez para que pudessem aumentar sua riqueza terrena. Apesar disso, não percebi nenhuma onda correspondente no aumento do número de milionários na cidade em que moro. Os ateus vão rir e dizer que não existe nenhum deus para atender a todas essas orações. Um católico, por outro lado, estaria certo em dizer que Deus às vezes diz «sim» para essas orações, mas outras vezes diz «não», dependendo da necessidade maior de quem pede.

A necessidade maior não é financeira. É espiritual. É a necessidade de um amor que satisfaça. E esse é sempre um objeto razoável para a nossa esperança.

Às vezes Deus nos dá o que queremos — até mesmo dinheiro —, e então aprendemos a confiar nEle para nos dar aquilo de que precisamos.

Quando Ele «atende» orações em termos terrenos, não são respostas finais, pois os objetos não conseguem nos satisfazer por muito tempo. Os presentes terrenos não nos trazem felicidade do mesmo jeito que o amor traz, e essa é uma lição que aprendemos olhando à nossa volta. O que não falta neste mundo são milionários infelizes, pessoas infelizes que têm uma saúde corporal perfeita, pessoas infelizes que têm empregos estáveis que pagam bem.

Às vezes Deus nos dá o que queremos,
e então aprendemos a confiar nEle
para nos dar aquilo de que precisamos.

Algumas vezes, precisamos aprender essa lição pela experiência pessoal de infelicidade em meio ao sucesso terreno. Outras vezes, aprendemos a lição pela experiência pessoal de fracassar em alcançar até mesmo nossas modestas metas terrenas, apesar das orações ardentes.

Deus pode atender todas as orações porque é o Criador Todo-poderoso. Ele as atende desse jeito porque é nosso Pai.

* * *

Lembre-se:

Nossa maior necessidade é
um amor que satisfaça. Só o
amor de Deus satisfaz.

COMO NOSSO PAI AMA

«Dai-nos»: como é bela a confiança dos filhos, que tudo esperam do Pai! É Jesus quem nos ensina esta petição que, de fato, glorifica o nosso Pai porque é o reconhecimento de quanto Ele é bom, acima de toda a bondade.

Catecismo da Igreja Católica, n. 2828

Você se lembra de quando era criança e odiava ser castigado? Talvez achasse que seus pais odiavam você. Não foi culpa *sua* ter quebrado as regras.

Ou talvez sim, foi culpa sua, mas isso não era motivo para ser *castigado*.

Agora que somos mais velhos, entendemos como é difícil corrigir os filhos. Alguns de nós temos filhos, e, quando eles quebram as regras, sabemos que não podemos deixar barato.

Ainda assim, sabemos que o castigo os magoa, e odiamos magoá-los. É assim que funciona com crianças: às vezes o que você sabe que é bom para elas não *parece* bom para elas — ou para você.

Sabemos disso, mas ainda assim é fácil esquecer do nosso tempo de criança. A Carta aos Hebreus nos lembra que somos *filhos de Deus*.

Estais esquecidos da palavra de animação que vos é dirigida como a filhos:

«Filho meu, não desprezes a correção do Senhor. Não desanimes quando repreendido por ele; pois o Senhor corrige a quem ama e castiga todo aquele que reconhece por seu filho».

(Heb 12, 5-6)

O que significa de verdade sermos filhos de Deus? Significa que Ele realmente nos ama o suficiente para nos tratar do jeito que um bom pai trata seus filhos. Ele nos ama o suficiente para nos corrigir.

Estais sendo provados para a vossa correção: é Deus que vos trata como filhos. Ora, qual é o filho a quem seu pai não corrige? Mas se permanecêsseis sem a correção que é comum a todos, seríeis bastardos e não filhos legítimos. Aliás, temos na terra nossos pais que nos corrigem e, no entanto, os olhamos com respeito. Com quanto mais razão nos havemos de submeter ao Pai de nossas almas, o qual nos dará a vida? Os primeiros nos educaram para pouco tempo, segundo a sua própria conveniência, ao passo que este o faz para nosso bem, para nos comunicar sua santidade. É verdade que toda correção parece, de momento, antes motivo de pesar que de alegria. Mais tarde, porém, granjeia aos que por ela se exercitaram o melhor fruto de justiça e de paz.

(Heb 12, 7-11)

Há algo chocante, mas também consolador, no que essa Carta nos diz sobre a correção. Todos nós suportamos tempos difíceis, mas a Carta nos diz que os tempos difíceis não são sinais da ira de Deus. Pelo contrário, são sinais do amor de Deus.

Se não tivéssemos tempos difíceis, não saberíamos que Deus nos ama.

Quantas vezes nossos pais nos disseram exatamente a mesma coisa sobre os castigos? «Faço isso porque te amo».

«Ah, certo», dizíamos para nós mesmos quando tínhamos oito anos. «Você faz isso porque me odeia e gosta de me fazer sofrer».

Se não tivéssemos tempos difíceis, não saberíamos que Deus nos ama.

Mas, agora que crescemos, dizemos exatamente a mesma coisa aos nossos filhos; e mais: sabemos como isso é verdade com todas as nossas forças.

Castigados por agradar

Se odiássemos nossos filhos — se só quiséssemos nos livrar deles —, aí sim deixaríamos que fizessem o que bem entendem. Nós certamente não passaríamos horas tentando convencê-los a fazer o dever de casa ou arrumar sua bagunça. Só lhes daríamos total liberdade sem consequências. Logo cairiam do telhado ou seriam atropelados por um trem, e nós ficaríamos livres para fazer o que bem entendêssemos sem nos preocuparmos com o que as crianças estão fazendo.

Mas nós os amamos, então os corrigimos. Fazemos questão de que saibam que se meter em confusão tem consequências, para que não sofram as consequências bem piores de ficarem totalmente por conta própria.

É por isso que a Carta aos Hebreus nos diz que os tempos difíceis são a maneira de sabermos que Deus é nosso Pai. Se Ele só nos deixasse saltitar alegremente pelo caminho para a destruição, não seríamos mesmo seus filhos. Seríamos «bastardos», para usar o termo impactante que encontramos na Carta.

Mas nós somos *mesmo* filhos de Deus, o que significa que Deus nos ama o suficiente para nos corrigir. E é desagradável — tão desagradável quanto era quando tínhamos oito anos de idade e nossos pais nos mandavam para o quarto numa tarde de verão. (E se você não acha que isso se compara com os tempos difíceis pelos quais os adultos passam, então você precisa conversar com uma criança de oito anos.)

> Gostaria de fazer com que todos entendessem a grande graça que Deus, na sua misericórdia, concede quando Ele manda sofrimento [...]. Assim de fato a alma é purificada como ouro na fornalha; sem saber, ela se torna radiante e é libertada para empreender o voo para o seu Bem.
>
> São Paulo da Cruz

Correção não é o mesmo que ira: o pai que corrige quer o melhor para os filhos porque não consegue parar de amá-los. Quando lemos sobre as coisas horríveis que aconteceram a Israel e Judá, ou quando pensamos nas coisas igualmente horríveis que acontecem hoje no mundo, pensamos na «ira» de Deus — mas devíamos mesmo pensar no amor de Deus.

Essa é a parte mais difícil de entendermos na nossa fé, assim como foi difícil acreditarmos que nossos pais nos corrigiam porque nos amavam.

Mas Deus tem jeitos de nos ajudar a entender. Como sempre, podemos não gostar deles — mas vamos agradecer no fim.

Seu castigo já é motivo para nossa esperança. É a prova de que Ele nos ama como um pai ama seus filhos. A fé nos permite aceitar o que nosso Pai nos diz, porque aceitamos sua autoridade. A esperança nos permite acreditar que suas palavras são confiáveis e que seu cuidado é permanente.

Podemos ter esperança porque temos fé.

* * *

Lembre-se:

O castigo de Deus é a prova do seu amor paterno.

TESTANDO NOSSA FÉ

Abraão estava firmemente convencido de que Aquele que lhe disse: «Uma posteridade com teu nome te será dada em Isaac» *não estava mentindo.*

Santo Efrém o Sírio

Já mencionamos a história de como Abraão recebeu a ordem de sacrificar Isaac, seu único filho — e de como estava disposto a fazê-lo. Foi um teste da sua fé, o livro de Gênesis nos diz. E foi um teste da sua esperança, um teste em que ele passou. São Paulo refletiu sobre Abraão: *Esperando, contra toda a esperança se tornou pai de muitas nações* (Rm 4, 18). E isso aconteceria apesar de não ter filhos, da sua idade avançada, apesar de todos os fatos do mundo.

Isaac foi uma impossibilidade, um milagre, para começar. Foi o sonho mais impossível de Abraão que se tornou realidade. Era disso que Deus estava pedindo para ele desistir. Qualquer criança é um milagre especial, mas essa não era qualquer criança. Isaac foi uma realização milagrosa e impossível de todas as promessas de Deus.

Ainda assim, Abraão tinha fé em Deus. Ele podia não entender, podia não gostar, mas sabia que o caminho de Deus era o caminho certo.

No dia seguinte, pela manhã, Abraão selou o seu jumento. Tomou consigo dois servos e Isaac, seu filho, e, tendo cortado a lenha para o holocausto, partiu para o lugar que Deus lhe tinha indicado.

Ao terceiro dia, levantando os olhos, viu o lugar de longe.

«Ficai aqui com o jumento, disse ele aos seus servos; eu e o menino vamos até lá mais adiante para adorar, e depois voltaremos a vós».

Abraão tomou a lenha do holocausto e a pôs aos ombros de seu filho Isaac, levando ele mesmo nas mãos o fogo e a faca. E, os dois iam caminhando juntos.

(Gn 22, 3-6)

Perceba, aliás, que Isaac está carregando a lenha para seu próprio sacrifício. Ele não é mais um menininho: nesse momento, é um jovem forte. Nós tendemos a esquecer, mas antigos mestres judeus e os primeiros autores cristãos eram muito conscientes disso: o sacrifício de Isaac não foi simplesmente uma questão de Abraão amarrar seu filho contra sua vontade. Isaac, o jovem forte, participou completa e voluntariamente: se tivesse tentado fugir, certamente poderia ter dominado seu velho pai.

> *E Isaac disse ao seu pai:*
>
> *«Meu pai!»*
>
> *«Que há, meu filho?»*
>
> *Isaac continuou: «Temos aqui o fogo e a lenha, mas onde está a ovelha para o holocausto?»*

«Deus», respondeu-lhe Abraão, «providenciará ele mesmo uma ovelha para o holocausto, meu filho».

E ambos, juntos, continuaram o seu caminho.

(Gn 22, 7-8)

Temos que parar aqui e admirar como o mestre artesão que nos deu essa história simultaneamente cria o suspense e pinta o estado emocional de Abraão com uma rápida pincelada. Isaac está tentando entender: sabe que vão fazer um sacrifício, mas não vê o animal. Ele pode começar a suspeitar da verdade. Mas mesmo assim, ainda tem fé em Deus e em seu pai Abraão.

Quando chegaram ao lugar indicado por Deus, Abraão edificou um altar; colocou nele a lenha, e amarrou

Isaac, seu filho, e o pôs sobre o altar em cima da lenha. Depois, estendendo a mão, tomou a faca para imolar seu filho.

O anjo do Senhor, porém, gritou-lhe do céu: «Abraão! Abraão!»

«Eis-me aqui!»

«Não estendas a tua mão contra o menino, e não lhe faças nada. Agora eu sei que temes a Deus, pois não me recusaste teu próprio filho, teu filho único».

Abraão, levantando os olhos, viu atrás dele um cordeiro preso pelos chifres entre os espinhos; e, tomando-o, ofereceu-o em holocausto em lugar de seu filho.

Abraão chamou a este lugar Javé-Yiré, de onde se diz até o dia de hoje: «Sobre o monte de Javé-Yiré».

Então nossa história tem um final feliz. Para todas as pessoas com fé em Deus, a história tem sempre um final feliz. Só que nós não necessariamente chegamos a ele *deste* lado da sepultura, como Abraão fez.

Seria simples dizer que a nossa fé nunca vai ser testada como a de Abraão. Seria simples, e seria errado.

A perda é inevitável

É certo que cada um de nós vai precisar desistir de algo que simplesmente não nos imaginamos desistindo.

Cada um de nós vai precisar desistir de algo que simplesmente não nos imaginamos desistindo.

Mãe, pai, esposa, marido, filho: quem dentre nós iria querer desistir de qualquer um deles?

E, todavia, Deus vai exigir isso de nós, assim como fez com Abraão. Cedo ou tarde, vamos ter que desistir de alguém que amamos. No fim da nossa vida terrena, teremos que nos separar de cada um deles.

Por quê? Não é que Deus seja cruel ou caprichoso, mas isso é necessário — tanto para quem amamos quanto para nós mesmos.

Sabemos que o paraíso é o nosso destino — pelo menos sabemos com o cérebro. Nosso coração nem sempre acompanha nosso cérebro. Mas temos que ter a fé de Abraão, fé em nada menos do que a ressurreição.

Foi pela sua fé que Abraão, submetido à prova, ofereceu Isaac, seu único filho, depois de ter recebido a promessa e ouvido as palavras: «Uma posteridade com teu nome te será dada em Isaac». Estava ciente de que Deus é poderoso até para ressuscitar alguém dentre os mortos. Assim, ele conseguiu que seu filho lhe fosse devolvido.

(Heb 11, 17-19)

Deus tinha prometido a Abraão que Isaac iria cuidar de sua família; agora Deus aparentemente se contradiz. É verdade que Deus não faz promessas que não vá cumprir..., mas Ele faz promessas que não serão verdadeiras deste lado da sepultura.

Deus testa nossa fé da mesma maneira que fez com Abraão.

Agora, quando ouvimos que «Deus testou Abraão», provavelmente começamos a imaginar Deus como um tipo de professor de escola primária. Um dos professores malvados, do tipo que daria uma prova surpresa só porque tinha certeza de que você não estava em dia com a matéria.

Esse não é o tipo de teste que Deus nos dá.

Uma das vantagens que vem com a onisciência é já conhecer o coração de cada ser humano. Deus conhece a fé que temos: não precisa inventar experimentos elaborados para descobrir.

> Não recues diante do martelo
> que te fere.

Não tires o olho do cinzel que te corta e da mão que te molda. O habilidoso e amoroso Arquiteto pode querer fazer de ti uma das Pedras principais da sua obra eterna e das mais belas estátuas do seu reino. Então deixa que Ele aja. Ele te ama. Ele sabe o que está fazendo. Ele tem experiência. Todos os seus golpes são habilidosos, precisos e amorosos. Ele nunca erra, a não ser que tu o faças errar com tua impaciência.

São Luís Maria Grignion de Montfort

Mas não conhecemos nossa própria fé. Quando professores humanos dão provas, querem descobrir o que nós sabemos. Deus sabe de tudo, mas nos testa para que possamos descobrir coisas que não sabemos sobre nós mesmos. Os testes nos colocam em confronto com nossa própria fraqueza, e nos dão uma percepção melhor de como precisamos mais da força de Deus.

É por isso que mesmo os tempos ruins são coisas boas.

Na verdade, podemos dizer que *especialmente* os tempos ruins são coisas boas.

Correção não é castigo

A verdade é que Deus não nos castiga com tempos ruins: Ele nos educa com tempos ruins. Há uma grande diferença.

A maneira como Deus castiga as pessoas é deixá-las terem tudo o que querem (cf. Rm 1, 18-28). Se você vê alguém mau que parece estar tendo sucesso, provavelmente é alguém que está tão afastado de Deus que nada vai conseguir trazê-lo de volta. Não lhe resta alternativa a não ser seguir esse agradável caminho que leva direto para o inferno (cf. Mt 7, 13).

Então aí está a sua resposta para por que os maldosos comumente prosperam enquanto os virtuosos sofrem: é porque Deus ama os virtuosos o suficiente para educá-los, sabendo que a correção pode trazê-los de volta para Ele quando se afastam.

A correção pode parecer dura, mas isso por conta da interferência do nosso ponto de vista humano. Como cristãos, temos que nos acostumar a pensar as coisas a longo prazo, que é um ponto de vista cristão.

> Se Deus permite que sofras muito,
> é sinal de que tem grandes planos
> para ti e que certamente pretende
> te tornar um santo.
>
> Santo Inácio de Loyola

Se realmente acreditamos no que dizemos acreditar, então a vida que levamos na terra é só uma pequena parte de toda a história. Não importa quão doloroso seja o que nos acontece aqui, precisamos disso para manter o paraíso em mente. Se fizermos isso, vamos perceber que nossos piores pesadelos são só inconveniências temporárias. Até mesmo a morte — até mesmo o pior tipo de morte — não é o fim da história. As coisas que mais tememos estão entre nós e o paraíso, mas sabemos que podemos suportá-las e chegar ao outro lado.

Mas isso não nos faz parar de sofrer. Não faz os tempos difíceis deixarem de ser difíceis. E aqui está um pequeno segredo que talvez você não tenha aprendido na catequese: quando os tempos ficam difíceis, às vezes até os santos reclamam.

* * *

Lembre-se:

Todo amor requer sacrifícios.

RECLAMAR PARA DEUS

*Servia o mestre, mas reclamava
do preço.
Pois não era um santo só de gesso.*

Phyllis McGinley,
sobre São Jerônimo

O maior livro da Bíblia é o livro dos Salmos, o livro de orações do povo de Deus. Ele tem um monte de hinos para todas as ocasiões — para liturgias, devoções privadas, para todas as alegrias e tristezas das quais a vida humana está cheia.

E já que estamos citando estatísticas, aqui vai mais uma estatística sobre a qual a maioria de nós não pensa: mais de quarenta por cento dos salmos são cânticos de «reclamação» ou lamentações. Isso é quase metade.

Isso nos surpreende. Mais do que isso, nos deixa perplexos. Quem teria coragem de reclamar para Deus?

Na verdade, reclamar para Deus é um dos privilégios de ser filho de Deus. Mas nós temos que entender a diferença entre *reclamar* e *resmungar*.

Resmungar é o que os israelitas fizeram no deserto. Eles reclamaram *de* Deus, não *para* Deus. Na verdade, estavam prontos para demiti-lo e conseguirem sozinhos um Deus de que gostassem mais — é por isso que fizeram Aarão construir um bezerro de ouro.

Reclamar não é a mesma coisa que resmungar ou murmurar.

As consequências de resmungar podem ser severas. São Paulo avisou aos seus amigos coríntios o que aconteceu com os israelitas rebeldes no deserto:

> Nem tentemos o Senhor, como alguns deles o tentaram, e pereceram mordidos pelas serpentes. Nem murmureis, como murmuraram alguns deles, e foram mortos pelo exterminador. Todas estas desgraças lhes aconteceram para nosso exemplo; foram escritas para advertência nossa, para nós que tocamos o final dos tempos.
>
> (1 Cor 10, 9-11)

Fique no seu canto

Então resmungar — reclamar de Deus — é ruim.

Mas reclamar *para* Deus é diferente. Se você reclama para alguém, você presume que é alguém que realmente se importa com você.

> *Porque meus dias se consomem como a fumaça, e os meus ossos ardem como lenha.*
>
> *O meu coração está ferido e seco como a erva, por isso me esqueço de comer o meu pão.*

(Sl 102, 4-5)

O poeta, identificado apenas como «um aflito», reclama para Deus sobre sua aflição. Mas reclama, não porque pensa que Deus está fazendo um trabalho ruim na administração do universo, e sim porque acredita que Deus pode fazer alguma coisa pelos seus problemas. E, por causa da sua crença, o poeta se agarra a uma esperança razoável:

Quando o Senhor edificar a Sião, aparecerá na sua glória.
Ele atenderá à oração do desamparado, e não desprezará a sua oração.

(Sl 102, 17-18)

Essa fé é óbvia até no mais triste dos salmos. O salmo de reclamação mais conhecido é, de longe, o Salmo 22, que o próprio Cristo citou logo antes de morrer na Cruz:

Meu Deus, meu Deus, por que me abandonastes?

E permaneceis longe de minhas súplicas e de meus gemidos?

Meu Deus, clamo de dia e não me respondeis; imploro de noite e não me atendeis.

Até agora, parece bastante triste. Mas Davi (a quem o salmo é atribuído) não vai muito longe antes de expressar sua confiança em Deus:

Entretanto, vós habitais em vosso santuário, vós que sois a glória de Israel.

Nossos pais puseram sua confiança em vós, esperaram em vós e os livrastes.

A vós clamaram e foram salvos; confiaram em vós e não foram confundidos.

Essa confiança não faz os problemas atuais irem embora, e mal faz com que fique mais fácil lidar com eles:

Eu, porém, sou um verme, não sou homem, o opróbrio de todos e a abjeção da plebe.

Todos os que me veem zombam de mim; dizem, meneando a cabeça:

Esperou no Senhor, pois que ele o livre; que o salve, se o ama.

Ainda assim, Davi sabe que Deus o manteve seguro durante a vida, e toda sua esperança está na fé de que Deus não vai mesmo abandoná-lo, apesar das aparências:

Sim, fostes vós que me tirastes das entranhas de minha mãe e, seguro, me fizestes repousar em seu seio.

Eu vos fui entregue desde o meu nascer; desde o ventre de minha mãe vós sois o meu Deus.

Isso não é um rebelde amaldiçoando o rei. É um filho implorando ajuda ao seu Pai. Essa é a maravilha dos salmos de reclamação: eles nos dão uma liberdade infantil para nos aproximarmos de Deus como Pai.

Dando uma de Deus

«Se eu fosse pai», dizemos — reclamando do mesmo jeito que nossos filhos reclamam para nós. «Se eu fosse pai, nunca faria meus filhos passarem pelo que você nos faz passar».

Mas perceba que não é aí que o salmista acaba. Apesar das suas reclamações, ele continua para expressar sua fé em Deus: «Eu nunca faria meus filhos passarem pelo que você nos faz passar. Mas você é um pai melhor do que eu poderia esperar ser. Você é mais forte, mais sábio, e mais amoroso do que eu».

Você não pode terminar com uma reclamação, porque só vai acabar ainda mais infeliz. Reclamar não é bom a não ser que você siga em frente. Você tem que transformar a reclamação em um ato de fé.

Centenas de anos antes da ressurreição de Jesus, os salmistas sabiam que suas reclamações não estavam realmente completas até que eles as transformassem num ato de fé e de esperança; até que expressassem sua confiança de que — independentemente de quão profundos fossem seus problemas, de quão insuportáveis fossem suas dores — Deus ainda estaria com eles.

Por isso não devemos ter medo de ir até Deus com reclamações nas nossas orações. Mas não devemos terminá-las com reclamações. Temos que lembrar dos atos de fé e esperança.

A oração é um impulso do coração, um simples olhar para o céu, um grito de amor e gratidão na provação e na alegria; é algo enorme e divino que dilata o nosso íntimo e une a Jesus.

Santa Teresa de Lisieux

Os salmistas sabiam disso, e nós não podemos esquecê-lo — não depois de Deus ter passado milhares de anos mostrando ao mundo muitas e muitas vezes como faz nascer o maior bem do maior mal.

Foi exatamente isso que aconteceu quando Jesus foi crucificado. A crucifixão foi o pecado mais horrível que a humanidade já cometeu contra Deus. Ainda assim, acabou trazendo nosso bem maior: a nossa salvação.

Mas por quê? Por que algumas vezes precisamos do mal maior para termos o bem maior? Deus não poderia ser mais legal e tirar o maior dos bens do, digamos, maior dos bens?

Como quase sempre, podemos encontrar a resposta em São Paulo. Acontece que o que nós consideramos o «bem» não é necessariamente o que é bom de verdade para todos.

* * *

Lembre-se:

Tudo bem reclamar para Deus.
Ele aguenta.

O PODER APERFEIÇOADO

Santo Agostinho [...] define a oração como um exercício do desejo. O homem foi criado para uma realidade grande, ou seja, para o próprio Deus, para ser preenchido por Ele. Mas seu coração é demasiado estreito para a grande realidade que lhe está destinada. Tem de ser dilatado. «Assim procede Deus: diferindo a sua promessa, faz aumentar o desejo; e com o desejo, dilata a alma, tornando-a mais apta a receber os seus dons».

Papa Bento XVI, *Spe salvi*, 33

Sempre que temos problemas, devemos nos lembrar de que Jesus nos ensinou a rezar sem cessar.

Em seguida, ele continuou: Se alguém de vós tiver um amigo e for procurá-lo à meia-noite, e lhe disser: Amigo, empresta-me três pães, pois um amigo meu acaba de chegar à minha casa, de uma viagem, e não tenho nada para lhe oferecer, e se ele responder lá de dentro: Não me incomodes; a porta já está fechada, meus filhos e eu estamos deitados; não posso levantar-me para te dar os pães; eu vos digo: no caso de não se levantar para lhe dar os pães por ser seu amigo, certamente por causa da sua importunação se levantará e lhe dará quantos pães necessitar.

(Lc 11, 5-8)

É uma imagem muito divertida. Devemos continuar pedindo a Deus, porque uma hora Ele vai nos dar aquilo de que precisamos só para nos fazer ficar quietos.

O negócio aqui, claro, é que Deus nos dá aquilo de que *precisamos*, não necessariamente aquilo que *queremos*. Na verdade, as duas coisas às vezes são opostas.

Podemos ver isso mesmo com Jesus, porque até Jesus nem sempre conseguia o que pedia. Lembre-se de como Ele rezou no Jardim de Getsêmani:

Conforme o seu costume, Jesus saiu dali e dirigiu-se para o monte das Oliveiras, seguido dos seus discípulos. Ao chegar àquele lugar, disse-lhes: Orai para que não caiais em tentação. Depois se afastou deles à distância de um tiro de pedra e ajoelhando-se, orava: Pai, se é de teu agrado, afasta de mim este cálice! Não se faça, todavia, a minha vontade, mas sim a tua. Apareceu-lhe então um anjo do Céu para confortá-lo. Ele entrou em agonia e orava ainda com mais insistência, e seu suor tornou-se como gotas de sangue a escorrer pela terra.

Depois de ter rezado, levantou-se, foi ter com os discípulos e achou-os adormecidos de tristeza. Disse-lhes: Por que dormis? Levantai-vos, orai, para não cairdes em tentação.

(Lc 22, 39-46)

Não, o cálice não foi afastado dEle. Mas Jesus sabia o suficiente, e tinha fé suficiente, para acrescentar uma última cláusula à sua oração: *Não se faça, todavia, a minha vontade, mas sim a tua.*

Jesus também tinha presença de espírito para dizer aos discípulos rezarem por aquilo de que realmente precisavam. O que *queriam* era manter Jesus a salvo das autoridades que o queriam morto; o que *precisavam* era ser capazes de aguentar as próximas vinte e quatro horas sem o abandonar.

Deus nos ouve?

Sempre que rezamos pela cura, ou para sermos poupados de algum problema, devemos nos lembrar de como Jesus rezou: *Não se faça, todavia, a minha vontade, mas sim a tua.* Sempre que estamos tentados a reclamar que Deus não atende as nossas orações, devemos nos lembrar da oração de Jesus no Getsêmani. Jesus teve uma resposta, mas a resposta foi não. E era assim que tinha que ser.

Paulo teve a mesma experiência:

> *Ademais, para que a grandeza das revelações não me levasse ao orgulho, foi-me dado um espinho na carne, um anjo de Satanás para me esbofetear e me livrar do perigo da vaidade. Três vezes roguei ao Senhor que o apartasse de mim. Mas ele me disse: Basta-te a minha graça, porque é na fraqueza que se revela totalmente a minha força. Portanto, prefiro gloriar-me das minhas fraquezas, para que habite em mim a força de Cristo.*

Eis por que sinto alegria nas fraquezas, nas afrontas, nas necessidades, nas perseguições, no profundo desgosto sofrido por amor de Cristo. Porque quando me sinto fraco, então é que sou forte.

(2 Cor 12, 7-10)

Aqui também, Paulo — o apóstolo que tinha fé suficiente para divulgar a Igreja pelo nordeste do Império Romano, e na própria cidade de Roma — reza por algo específico, e a resposta é não.

Não sabemos de verdade qual era a «aflição» de Paulo. Podia ser qualquer coisa — problemas nas costas, gota, dores de cabeça, talvez até uma tentação constante que ele tivesse que superar. Provavelmente os coríntios sabiam: conheciam Paulo pessoalmente, e poderiam tê-lo ouvido reclamar de alguma coisa. Parece que ele escrevia para eles como se soubessem de que se tratava.

Apesar disso, independentemente do que fosse, o problema incomodava Paulo o suficiente para fazê-lo implorar três vezes para que o Senhor o afastasse dele. Mas o problema continuou.

Não era por sua falta de fé, Paulo diz: era porque Deus tinha um motivo para aquela dor, fosse qual fosse. Paulo acreditava que essa dor corporal, esse lembrete constante da sua mortalidade, era o que o impedia de ficar «eufórico demais». Mantinha seu orgulho no lugar.

Afinal, ele tinha muito do que se orgulhar. Igrejas em quase todas as maiores cidades da Ásia e da Grécia o viam como seu fundador. Ele podia argumentar que tinha feito mais do que Pedro para a difusão da Palavra.

Paulo passou grande parte da sua Segunda Carta aos Coríntios tagarelando sobre suas realizações — não por orgulho, mas porque os coríntios o forçaram. Alguns em Corinto contestavam a autoridade de Paulo como apóstolo; ele precisava mostrar a eles que Cristo realmente tinha lhe dado autoridade.

Não que sejamos capazes por nós mesmos de ter algum pensamento, como de nós mesmos, ele lhes recorda; *nossa capacidade vem de Deus* (2 Cor 3, 5).

Então Paulo faz suas mentes se lembrarem do que já sabiam dele: todas as dificuldades que aguentou, todas as coisas que realizou. Paulo tinha muito do que se orgulhar.

Mas esse orgulho teria sido fatal para a sua missão. No momento em que começasse a dar crédito a si mesmo, e não a Deus, teria perdido o foco exclusivo em Cristo que tornou sua missão possível.

Sempre que estivermos tentados a reclamar que Deus não atende nossas orações, devemos lembrar da experiência de Jesus e São Paulo.

Isso, Paulo diz, é o motivo de ele estar «aflito» — esse lembrete constante de que era fraco por si só. Quando orava para que isso saísse dele, a resposta era não. Em vez disso, o Senhor lhe dizia: *Basta-te a minha graça, porque é na fraqueza que se revela totalmente a minha força.*

Graça sob pressão

As maiores realizações não foram de Paulo. Foram de Cristo.

O Senhor deu a Paulo o poder para fazer todas essas coisas, não apesar de sua fraqueza, mas *por causa* de sua fraqueza. É por isso que Paulo só «ostentou» sua própria fraqueza:

> *Porém, temos este tesouro em vasos de barro, para que transpareça claramente que este poder extraordinário provém de Deus e não*

de nós. Em tudo somos oprimidos, mas não sucumbimos. Vivemos em completa penúria, mas não desesperamos. Somos perseguidos, mas não ficamos desamparados. Somos abatidos, mas não somos destruídos. Trazemos sempre em nosso corpo os traços da morte de Jesus para que também a vida de Jesus se manifeste em nosso corpo. Estando embora vivos, somos a toda hora entregues à morte por causa de Jesus, para que também a vida de Jesus apareça em nossa carne mortal.

(2 Cor 4, 7-11)

A graça é *poder* divino, não só um favor não merecido. Deus não tem somente pena de nós; Ele nos fortalece — mas só pela nossa fraqueza e quebrantamento. Só quando deixamos de depender das próprias forças é que descobrimos que a força de Deus sempre esteve conosco.

As pessoas que pensam que estão de pé devem tomar cuidado para não cair. Nosso maior problema não é nossa dor, mas nosso orgulho. Algumas vezes nossa dor nos ajuda a superar nosso orgulho, e então essa dor — mesmo que ainda doa — é uma coisa boa.

Por causa do terno Amor que nosso bom Senhor tem por todos que serão salvos, Ele consola pronta e docemente, garantindo-nos que «É verdade que o pecado é a causa de toda essa dor, mas tudo ficará bem, e tudo ficará bem, e todas as coisas ficarão bem».

Santa Juliana de Norwich

São Paulo, de fato, chegou até a celebrar seus sofrimentos. Certa vez escreveu:

> *Não só isso, mas nos gloriamos até das tribulações. Pois sabemos que a tribulação produz a paciência, a paciência prova a fidelidade, e a fidelidade, comprovada, produz a esperança. E a esperança não engana. Porque o amor de Deus foi derramado em nossos corações pelo Espírito Santo que nos foi dado.*
>
> (Rm 5, 3-5; grifo nosso).

Devemos esperar que a nossa fé seja testada, assim como a de São

Paulo e a de Abraão. Mas sabemos as respostas para esse teste. Se confiarmos na nossa própria força, cairemos. Se confiarmos na força de Deus, nada nos poderá deter.

Isso acontece porque Deus não nos diz apenas para aguentarmos a barra. Deus não vai nos deixar presos em tempos ruins para sempre: Ele nos mostra a rota de fuga.

Como podemos ter certeza? Temos a garantia de Deus Todo-poderoso, a sua promessa. E essa é uma bendita segurança para aqueles que têm fé. Esperança é, de acordo com uma das definições clássicas, a expectativa certa de uma felicidade futura. Como São Paulo diz: *Sei em quem pus minha confiança, e estou certo de que é assaz poderoso para guardar meu depósito até aquele dia* (2 Tm 1, 12).

Um dos homens mais inteligentes e santos que já viveram, São Tomás de Aquino, se sentiu confiante o suficiente para apostar sua própria vida. Ele tinha um ótimo motivo, assim como nós, para viver nessa esperança, bendita segurança de salvação: «A esperança não se apoia principalmente na graça já adquirida, mas na divina onipotência e misericórdia [...]. Todos os que têm fé estão certos da onipotência de Deus e da sua misericórdia».

* * *

Lembre-se:

O poder de Deus é mais evidente nos nossos momentos de fraqueza.

A ROTA DE FUGA

*Tu és o meu refúgio e o meu escudo;
espero na tua palavra.*

Sl 119, 114

Apesar de ter mirado a glória, São Paulo sabia que teria que sofrer muito enquanto estivesse «na carne» (Gl 2, 20) e que iria morrer (cf. Fl 1, 23).

Para aqueles de nós que não compartilham dos dons teológicos de São Paulo, o sofrimento e a morte são mistérios profundos. Sabemos que entraram no mundo por causa dos pecados (Rm 5, 12). Mas também acreditamos que Cristo nos libertou do poder do pecado e da morte (Rm 8, 2).

Se isso é verdade, por que ainda devemos sofrer com perdas e morte?

Paulo sabia que até Jesus Cristo tinha sofrido, não como um *substituto* de uma humanidade pecaminosa, mas como nosso *representante*. Assim, a Paixão salvadora de Cristo não nos *isentou* de sofrer, mas em vez disso *dotou* nosso sofrimento de poder divino e valor de redenção.

São Paulo até mesmo se «alegrava» com seus problemas:

Gloriamo-nos até das tribulações. Pois sabemos que a tribulação produz a paciência, a paciência prova a fidelidade e a fidelidade, comprovada, produz a esperança.

E a esperança não engana. Porque o amor de Deus foi derramado em nossos corações pelo Espírito Santo que nos foi dado.

(Rm 5, 3-5)

A própria Vida desce para fazer-se matar; o Pão desce para ter fome; o Caminho desce para cansar-se da caminhada; a Fonte desce para ter sede; e tu te recusas a sofrer?
Santo Agostinho de Hipona

São Paulo nos deu a chave para o sofrimento: «*Tenho para mim que os sofrimentos da presente vida não têm proporção alguma com a glória futura que nos deve ser manifestada*» (Rm 8, 18).

Pelo Espírito de Deus, somos filhos de Deus — «filhos no Filho», para usar a expressão clássica dos Padres da Igreja. E Deus dá para seus filhos tudo o que tem, e até mesmo compartilha com eles a sua natureza divina (cf. 2 Pe 1, 4). Mas Ele não poupa seu Filho de sofrer. O sofrimento era central para a missão de Jesus como redentor. E também está incluso na nossa participação na sua vida e na sua missão.

Assim, o sofrimento não é um componente opcional da vida cristã. Lembre-se de quando Paulo nos disse: *Somos filhos de Deus* e *também herdeiros, herdeiros de Deus e coerdeiros de Cristo*, contanto que soframos com ele, *para que também com ele sejamos glorificados* (Rm 8, 16-17; grifo nosso). Sem sofrimento, sem glória.

Mas conseguimos aguentar o sofrimento, porque não passa de uma bobagem se comparado à felicidade para que nos prepara. Conseguimos aguentar porque Deus está do nosso lado.

A única fuga real

O que não conseguimos fazer é aguentar por conta própria. Precisamos de ajuda.

> *Portanto, quem pensa estar de pé veja que não caia. Não vos sobreveio tentação alguma que ultrapassasse as forças humanas. Deus é fiel: não permitirá que sejais tentados além das vossas forças, mas com a tentação ele vos dará os meios de suportá-la e sairdes dela.*
>
> (1 Cor 10, 12-13)

Ora, essa saída não significa que conseguimos nos livrar das dificuldades. Não, nossa rota de fuga nos leva *através* do fogo. É por isso que Paulo diz que Deus *não permitirá que sejais tentados além das vossas forças, mas com a tentação ele vos dará os meios de suportá-la e sairdes dela*. Seja lá o que estiver nos incomodando, temos que aguentar. Temos que sofrer a tentação, a perda, a dor — e lidar com isso.

Mas Deus promete que nós *conseguiremos* lidar com isso — quando aprendermos como somos fracos e desamparados.

Não conseguimos lidar com isso por conta própria. Mas se estivermos dispostos a nos apoiar em Deus — o que muitas vezes não conseguimos aprender a fazer até todos nossos outros recursos terem sido tirados de nós —, aí Deus vai nos levar através da escuridão até a luz. Ele vai nos dar a rota de fuga.

E essa rota é através dos sacramentos.

Os sacramentos nos unificam com Cristo. Fazem dos nossos próprios sofrimentos uma parte do sofrimento de Cristo.

O próprio Paulo faz essa conexão. Depois de prometer a seus leitores «a rota de fuga», imediatamente, nos próximos versículos, já traça o mapa para eles. Insiste em que evitem a adoração dos ídolos e a substituam pela adoração verdadeira — o culto Eucarístico —, e essa é a rota de fuga!

O cálice de bênção, que benzemos, não é a comunhão do sangue de

Cristo? E o pão, que partimos, não é a comunhão do corpo de Cristo? (1 Cor 10, 16). Quando comemos o pão e bebemos o vinho, o Corpo e o Sangue de Cristo se tornam nossos. E então temos forças para suportar o que Cristo suportou.

Suportamos nossas próprias dificuldades, por maiores que possam ser, porque recebemos o Corpo que suportou a pior dificuldade de todos os tempos.

Deus é fiel, diz São Paulo, e Ele nos dará a rota de fuga.

Estou pregado à cruz de Cristo. Eu vivo, mas já não sou eu; é Cristo que vive em mim. A minha vida presente, na carne, eu a vivo na fé no Filho de Deus, que me amou e se entregou por mim.

(Gl 2, 19-20)

E é por isso que há grande diferença entre a rota de Deus e a rota do mundo.

O mundo também nos oferece meios de fuga. Vários meios de fuga, na verdade. E todos prometem que não vamos mais ter que sofrer.

Álcool, sexo, drogas: é tão fácil vê-los como nossas rotas de fuga. Eles fazem a dor ir embora. Fazem a gente se sentir bem de novo. Pelo menos por um tempo.

Sem a Sagrada Eucaristia não haveria felicidade neste mundo; a vida seria insuportável.

São João Maria Vianney

Por outro lado, a Igreja só nos promete que vamos ter que passar pela dor, mas que teremos forças para suportá-la.

Não parece um negócio muito bom.

E não seria mesmo, se não soubéssemos para o que servem os tempos difíceis. Tempos difíceis nos deixam mais perto de Deus; nos deixam mais parecidos com seu Filho. As rotas substitutas que o mundo nos oferece não fazem isso. Elas nos deixam ir alegremente para o caminho da perdição, afastando-nos de Deus, até que nada consiga nos trazer de volta.

* * *

Lembre-se:

Os sacramentos dão a rota de fuga dos nossos problemas.

O TOQUE DA CRUZ

Sempre que sobre minha carne de pecado traço o Sinal Sagrado o bem se agita dentro de mim, e refaz em divino o ânimo apagado até brotar a coragem alta e veraz que padece e que faz.

Bem-aventurado John Henry Newman, «O Sinal da Cruz»

Quando Cristo morreu na Cruz, não levou a nossa dor embora. Deu à nossa dor e às nossas lutas um significado sagrado, um poder redentor, o que torna sofrer com Cristo um privilégio para nós.

A Cruz de Cristo concede dignidade até mesmo nas menores inconveniências da nossa vida. Quando unimos nossos problemas, grandes e pequenos, ao sofrimento de Cristo, participamos da redenção do mundo. Nós nos tornamos inteiramente humanos. Nós nos tornamos heróis. Nós nos tornamos divinos. Nós nos tornamos tudo isso porque nos tornamos parecidos com Cristo — apesar de ninguém na terra jamais ter percebido.

O efeito da Cruz é como um toque de Midas, aumentando infinitamente o valor de tudo o que abençoa. Nas palavras de um grande autor espiritual carmelita, Frei Gabriel de Santa Maria Madalena:

Jesus chama nossos sofrimentos de *cruz* porque a palavra significa o instrumento da salvação; e Ele não quer que nossas dores sejam estéreis, mas sim que se tornem uma cruz, ou seja, um meio de elevar e santificar nossas almas. Na verdade, todo sofrimento é transformado, mudado numa cruz assim que o aceitamos das mãos do Salvador e nos agarramos à sua vontade que o vai transformar para nosso benefício espiritual. Se isso é verdade para sofrimentos maiores, é igualmente verdade para os menores; são todos parte do plano divino, todos, mesmo o menor, foram predispostos por Deus por toda a eternidade para a nossa santificação.

O efeito da cruz é como um toque de Midas, aumentando infinitamente o valor de tudo o que abençoa.

Quando chegam os tempos difíceis, começamos nossas orações com o Sinal da Cruz, e lembramos que Deus nos ama. Abençoamos nossos sofrimentos com o sinal sagrado, e os tornamos sagrados.

Devemos esperar a cura de todas as nossas chagas no Sinal da Cruz.
São Máximo de Turim

Recorremos à Igreja e aos sacramentos para ter a força de que precisamos para suportar. E reclamamos para Deus se quisermos — mas sempre continuando a ter fé.

Deus não abandonou Davi, embora as coisas parecessem bem ruins quando ele escreveu o Salmo 22. Deus não abandonou seu próprio Filho na Cruz, mesmo quando as coisas estavam infinitamente pior.

Deus também não vai nos abandonar.

Os tempos são difíceis. Mas não merecem nossa preocupação quando pensamos na glória que está à nossa espera.

Nós *vamos* aguentar. Deus *vai* nos dar a força.

E nós podemos nos alegrar sabendo que sofremos com Cristo por muito pouco tempo, para que possamos ficar em glória com Cristo para sempre.

* * *

Lembre-se:

Nossos sofrimentos têm dignidade porque são cruzes, e são de Cristo.

UM ATO DE ESPERANÇA

Eu espero, meu Deus, com firme confiança, que, pelos merecimentos de Nosso Senhor Jesus Cristo, me dareis a salvação eterna e as graças necessárias para consegui-la, porque vós, sumamente bom e poderoso, o havia prometido a quem observar os mandamentos e o Evangelho de Jesus, como eu proponho fazer com o vosso auxílio.